AF357022

CONSIDÉRATIONS

SUR LA SITUATION

DE LA FRANCE

SOUS LE RAPPORT

DES FINANCES.

CONSIDÉRATIONS

SUR LA SITUATION

DE LA FRANCE

SOUS LE RAPPORT

DES FINANCES.

Par M. A. de M.

A PARIS,

DE L'IMPRIMERIE DE FIRMIN DIDOT,

RUE JACOB, N° 24.

Avril 1816.

CONSIDÉRATIONS

SUR LA SITUATION

DE LA FRANCE

SOUS LE RAPPORT

DES FINANCES.

Et decus omne.

Je ne suis qu'un simple citoyen, mais plein d'amour pour mon pays; je prends part comme je le dois à la grande discussion ouverte en ce moment sur la loi des Finances.

Sans inquiétude sur le résultat, je sais que la France restera digne d'elle, qu'elle ne manquera ni à son Roi, ni à elle-même, et qu'en ce moment, comme en tant d'autres occasions, elle montrera à l'Europe que, le délire des passions une fois calmé, chez elle la voix impérieuse de l'honneur est seule écoutée.

Mais pendant que les grandes questions s'agitent, je sens à rester indifférent une difficulté extrême, et j'ose entrer dans la carrière, non comme un homme présomptueux qui croit tout enseigner, mais comme un bon Français, qui sait que la matière des finances est difficile, peu connue, et qui s'expose volontiers à être accusé de peu de savoir sur beaucoup de points, pourvu que, si quelque vérité s'échappe de sa plume, son pays puisse en profiter.

Il s'agit de fonder le crédit public sur une base inébranlable, en assurant par une bonne loi les dépenses du Gouvernement, le paiement de la dette à l'intérieur, et l'exécution de nos engagements à l'extérieur.

Et d'abord il faut remarquer un fait qui me semble incontestable : c'est que nous connaissons exactement notre situation en finances. Au moment de la loi du 23 septembre 1814, il n'en était pas de même. Sortis à peine, et par un bienfait miraculeux de la providence, du labyrinthe où nous avaient conduits les égarements d'un esprit novateur, les fureurs révolutionnaires, et la folie des conquêtes, nous entendîmes avec surprise un ministre vertueux exposer franchement aux deux chambres la situation du royaume, et prononcer ces paroles consolantes : « Loin de désespérer alors « de la prospérité nationale, en considérant

« tout ce qu'a souffert la France, et tout ce
« qu'elle a supporté, vous jugerez tout ce qu'elle
« doit se promettre d'elle-même sous un Gou-
« vernement dont elle n'aura plus qu'à secon-
« der les bienfaisantes intentions. »

Bientôt après, une loi fut rendue, qui prouva
la confiance entière de la France dans les ministres que le Roi avait choisis.

D'après les états annexés à cette loi, les dépenses du Gouvernement furent reconnues se
monter à...................... 439,000,000^f
La dette publique à......... 98,000,000
Les intérêts des cautionnements
dissipés à................... 8,000,000

Total........ 545,000,000^f

En outre, la liquidation de la dette arriérée
fut ordonnée, et des moyens furent pris pour
le paiement de cette dette dans le cours de trois
ans, quand même elle eût dû se monter à la
somme énorme de........... 759,000,000^f

Il fut créé des obligations payables en trois
ans, et portant 8 pour 100 d'intérêt. Un qua-
druple gage fut affecté à leur remboursement.

1° La vente de 300,000 hectares de bois et
des biens des communes.

2° La faculté au gré des créanciers de chan-
ger leurs obligations en inscriptions sur le

1.

grand-livre, au moyen d'un crédit illimité accordé par l'art. 24.

3° L'excédent de 70,000,000 fr. de recettes présumées au-dessus des besoins de l'État.

4° La faculté d'ouvrir un emprunt accordé par l'art. 31.

L'exécution de cette loi fut couronnée du plus heureux succès. Le seul crédit public avait fait baisser l'intérêt des effets de l'État de 8 pour 100 à 6. Les obligations royales étaient au pair : le service du trésor se faisait avec régularité, et le ministre avait en réserve la somme de 50 millions sur celle de 70 qu'il avait demandée et obtenue, comme excédent des recettes sur les dépenses. Enfin il avait payé sur l'arriéré :

En numéraire............ 84,991,866^f 51^c
En obligations rachetées et
éteintes 21,862,520   58
En 5 pour 100 consolidés. 17,939,754   27
En délégations admises en
paiement des bois......... 6,344,508   40
En obligations en circulation 14,023,300   «

Total........ 145,161,949^f 76^c

Cependant cinq mois n'étaient pas encore écoulés.

Tout-à-coup une affreuse catastrophe a de

nouveau ébranlé la France. Elle n'a pas péri dans ce choc : mais il faut qu'elle répare de nouveaux malheurs.

Depuis le 20 mars jusqu'au 20 novembre, les 5o millions de réserve ont été dissipés, ainsi que ce qui a été recouvré sur les contributions. Des marchés usuraires ont été conclus avec des fournisseurs, et restent encore à liquider. Une rente de 3,6oo,ooo fr. appartenant à la caisse d'amortissement, a été vendûe, et n'a produit que 35,1oo,ooo fr. Les biens des communes ont été mal vendus. On a vendu aussi une partie des 3oo,ooo hectares de bois auxquels le ministre avait à peine touché. La France a eu à supporter des maux sans nombre, et elle est chargée d'une dette extérieure de 275,3oo,ooo fr. par an pendant cinq ans.

La seule consolation qui puisse être mise à côté de ce triste tableau, c'est que la liquidation de notre dette flottante s'est suivie, et se trouve terminée au 1er octobre 1815, jour auquel sont arrêtés les états présentés par le ministre des finances.

Elle se divise en trois parties.

La première, antérieure à 18o9, est soumise à la loi du 2o mars 1813, et doit être consolidée . . . . 71,241,020f «

La deuxième, antérieure au

De l'autre part........ 71,241,020^f «

1er avril 1814, est soumise à la loi du 23 sept. 1814, et doit être payée intégralement. Elle se compose de

Oblig. en circ.   14,023,300^f «
Dette liquid.   376,815,009 24^c

Total..............390,838,309^f 24^c

Voici quelle est l'origine de la troisième.

Pendant que se discutait la loi des finances de 1814, le trésor continuant son service a payé en argent beaucoup de créances qui eussent pu, qui eussent dû peut-être faire partie de l'arriéré, mais qui, de cette manière, se sont trouvées éteintes; et le crédit du trésor aurait suffi pour couvrir cette dépense, si la tranquillité eût continué. Il en a été autrement, et l'année 1814 présente un déficit de...................103,716,622 61

Ce déficit est une nouvelle dette toute semblable dans sa nature à celle qui résulte de l'emprunt de 100 millions, fait en 1815.

Pour 1815, le ministre prévoit un déficit de plus de 130 millions, résultat évident des dépenses folles et des marchés usuraires passés pendant l'interrègne. Je ne crains pas de dire que la liquidation de cette dette doit être soumise à l'examen le plus sévère, et peut être rejetée après les cinq ans que doit durer le paiement de notre dette à l'extérieur. Je ne m'en occuperai pas.

Le crédit en rentes, ouvert par la loi du 20 mars 1813, n'est point épuisé, et suffit pour la consolidation des............... 71,241,020^f

Voyons ce que sont devenus les gages affectés au paiement de la deuxième partie de l'arriéré.

Le reste des biens communaux était estimé au plus bas.................. 80,000,000^f

Il en a été vendu pour........ 37,924,628

Reste............... 42,075,372^f

Les bois étaient estimés au plus bas 180,000,000^f

Il en a été vendu pour......... 19,092,205

Reste............. 160,907,795^f

Ajoutant les biens des communes 42,075,372

Total.......... 202,983,167^f

C'est-à-dire plus de la moitié de la dette. Il faut ajouter à cette valeur d'autres recettes arriérées, qui sont attribuées à ce paiement, le crédit du trésor, un excédent de recettes, s'il est possible d'en créer un, la consolidation volontaire au gré des créanciers, et enfin la faculté d'ouvrir un emprunt, faculté accordée par la loi du 23 septembre 1814.

Quant à la troisième partie de l'arriéré, tous les moyens sont ouverts pour le solder : aucune loi ne nous impose de conditions, et nous pouvons examiner franchement quels modes nous paraîtront plus convenables dans la situation présente. Mais il me semble évident que la deuxième partie de cet arriéré est de trop peu supérieure à la plus basse estimation du gage qui lui a été assigné par la loi du 23 septembre 1814, pour renoncer à l'exécution de cette loi, qui, ayant été commencée, est devenue un engagement d'honneur. Je regarde le sort de cette dette comme définitivement réglé.

Besoins de l'État.

Il faut pourvoir, pour 1816,

1° Aux dépenses du Gouvernement;

2° Au paiement de la dette extérieure;

3° Au paiement de la dette consolidée;

4° Au paiement de la dette flottante, résultat des malheureux événements de 1815.

Dépenses du Gouvernement.

Elles s'élèvent, d'après les demandes de chaque ministre, à............... 386,200,000^{t}

L'année dernière, il avait été
demandé.................... 439,300,000

Ainsi, nous pouvons déja reconnaître une économie de 52,800,000 fr. Cette économie doit nous en faire espérer d'autres ; car, en administration comme en politique, ce n'est que par degrés qu'on peut opérer le bien. S'il est vrai que la nuée d'employés qui surchargent les ministères est une véritable plaie publique, aussi nuisible au bien du service qu'à l'économie des finances, il est également certain que ce n'est pas tout d'un coup que l'on peut s'affranchir des entraves dans lesquelles ils nous ont comme enlacés. Toute retenue de traitement, toute réforme sans pension est une véritable violation de contrat, et non-seulement contraire à la justice, mais contraire à l'économie même : car, après que l'on a fait le malheur d'une famille par une réforme intempestive, on ne sent plus que le besoin de réparer, et la réparation coûte plus que l'offense n'a apporté de profit.

Dette extérieure.

Elle est, pour cette année, de 275,300,000 f., et diminuera graduellement chaque année, jusqu'à ce qu'enfin, au bout de cinq ans, elle soit tout-à-fait éteinte : mais il faut pourvoir à son acquittement.

Dette consolidée.

Je la diviserai en trois parties : dette perpétuelle, dette viagère, et pensions.

Dette perpétuelle........... 86,454,002 f.

L'accroissement de cette dette est un avertissement qu'il faut enfin songer à son amortissement. Cependant il faut remarquer que, telle qu'elle est constituée à-présent, elle renferme en elle-même le germe de cet amortissement, puisque, sur les 16,034,000 fr. inscrits en exécution des conventions du 20 novembre 1815, 9 millions ne devant être touchés par les dépositaires qu'éventuellement, et si nous ne sommes pas fidèles à nos engagements, forment un fonds disponible entre les mains du trésor, qui peut le consacrer à l'amortissement. J'irai plus loin, et je dirai qu'il le doit; car les conventions du 20 novembre établissant le cours de 75 comme le plus bas auquel la plus grande partie des rentes pourront être reçues par les étrangers, l'intérêt du trésor est de les élever et de les maintenir au-dessus de ce cours.

La dette viagère est de...... 13,584,000 f.

Le ministre demande, pour les pensions..................... 24,423,384

Dans cette demande se trouve comprise la somme de 3 millions, que le ministre présume devoir être nécessaire pour les pensions à accorder par suite des réformes , nouvelle preuve de l'économie dont les ministres se font une loi.

Le total de la dette consolidée est donc de...................... 115,786,386ᶠ

Dette flottante.

J'ai regardé l'arriéré antérieur au 1ᵉʳ avril 1814 comme payé par la consolidation de la loi du 20 mars 1813 et par l'opération ordonnée par la loi du 23 septembre 1814; ainsi je ne m'en occuperai pas. Cet arriéré ne devrait figurer au tableau des dettes de l'État que si , après l'opération, qui doit durer trois ans, il restait un reliquat, ce qui n'est pas vraisemblable : mais l'intérêt des obligations en émission , le déficit de 1814, dont la première origine est le paiement intégral de créances appartenant à l'arriéré antérieur, enfin l'emprunt de cent millions, font nécessairement partie de la dette flottante, sur laquelle il est nécessaire de statuer.

Quant à l'arriéré de 1815, que le ministre évalue à 130 millions, je crois juste d'en faire la liquidation , mais d'en renvoyer le paiement après l'extinction de la dette extérieure.

Alors aussi peut-être, plus calmes, plus éclairés sur nos devoirs, plus confiants dans nos forces, plus fermes dans la volonté de réparer nos fautes et de cicatriser nos blessures, nous penserons à deux autres dettes sacrées, dont le paiement, bien facile, étoufferait les germes de discorde intérieure, et nous couvrirait de gloire aux yeux de l'Europe.

Cette dette flottante s'élève à 213,216,622 fr. 61 c.

Voici donc le tableau des besoins de l'État pour 1816 :

Dépenses du Gouvern....	386,200,000^f	«
Dette extérieure.........	275,300,000	«
Dette perpétuelle........	86,454,002	«
Dette viagère...........	13,584,000	«
Pensions................	24,423,384	«
Dette flottante..........	213,216,622	61^c
Total...........	999,178,008^f	61^c

Cherchons quels sont nos revenus.

Si l'année 1815 a eu à supporter des dépenses extraordinaires, elle a eu aussi des ressources sur lesquelles on ne devait pas compter. Elles se composent de l'excédent des recettes réelles sur les recettes présumées, de l'emprunt de 100 millions, de la vente déplorable des 3 millions 600,000 fr. de rentes appartenant à la caisse d'amortissement, et enfin des recouvrements arriérés. Si toutes ces ressources avaient produit ou devaient produire un excédent de la recette sur la dépense, nous pourrions espérer d'accroître de cet excédent les recettes de 1816.

Mais, au contraire, le ministre prévoit un déficit de 130 millions ; et, puisque nous avons cru que la politique commandait de renvoyer après l'extinction de la dette extérieure, c'est-à-dire en 1821, le paiement de cet arriéré, la simple justice ordonne de consacrer au service de 1815 toutes les recettes applicables à cette année. En 1821, les ministres auront à présenter le compte général de 1815, et, s'il y a un déficit, il y sera pourvu.

Nous n'avons donc, pour faire face aux besoins de 1816, que les seules recettes de l'année.

Elles ont été évaluées, pour 1815, à 618 millions ; et le ministre convient que, malgré les malheurs de cette année, malgré l'emprunt de 100 millions, qui a été payé avec un dévouement qui fait honneur à la nation, cependant les recettes surpasseront cette somme. Nous pouvons donc compter, pour 1816, sur la somme de.................... 618,000,000^f

Besoins de l'État............ 999,178,008

Reste à pourvoir à......... 381,177,908^f

Mais, d'abord, le cri public, qui demande des administrations départementales , le besoin où le Gouvernement va se trouver, pour son propre intérêt, de céder à ce vœu de la nation, nous ouvre un moyen de soulager le trésor d'une partie de ce fardeau.

Laissons à chaque département à se rembourser à lui-même la somme pour laquelle il a contribué à l'emprunt de 100 millions : que, pour plus grande régularité, la chambre des députés statue que ce remboursement aura lieu dans un même délai pour toute la France, et qu'elle charge ensuite les conseils généraux de la régularisation. Je me trompe fort, ou toute la nation applaudirait à une semblable mesure.

On a accusé la France de manquer de patriotisme. Eh quoi! pendant les cent jours de l'interrègne les contributions n'ont point été payées : le Roi a reparu, et sur-le-champ l'argent a abondé dans les caisses publiques. La France gémissait sous le poids de onze cent mille étrangers, et de toutes les calamités que l'invasion entraîne à sa suite : le Roi a dit qu'il avait besoin de cent millions, et sur-le-champ les cent millions sont arrivés au trésor. Quels que fussent les vices de la répartition par départements et des répartitions secondaires, on s'est empressé d'obéir. Les uns ont considéré cette nouvelle charge comme un impôt, les autres comme une taxe, les autres comme un emprunt; n'importe, chacun s'est trouvé trop heureux de pouvoir faire un digne emploi de sa fortune en l'offrant au Roi, pour soulager des maux qu'il n'a pas tenu à lui de prévenir. Ceux qui ne connaissent d'autre manière de rembourser ce qui est dû que de constituer et de consolider une dette, c'est-à-dire , en d'autres termes , de refuser le remboursement , voudraient créer 5 millions de rentes pour couvrir ces 100 millions. Ainsi, le petit propriétaire qui aura porté 100 fr. dans la caisse du receveur général recevra une inscription de 5 fr. de rente; et, peu sensible à ce placement de fonds, dont la nature lui est peut-être inconnue, il regardera comme perdue pour le trésor et pour lui-même cette somme, qu'il avait retranchée sur ses dépenses personnelles dans la vue du besoin général.

Revenons, il en est temps, à des idées plus simples. Ce sont les conseils généraux qui ont reçu; c'est à eux à rendre, à transmettre à chaque citoyen l'expression de la satisfaction du Roi, faveur inappréciable pour un Français, et source d'un heureux échange, d'un côté, de marques d'un dévouement sans bornes, et d'une auguste gratitude de l'autre.

J'ai dit que c'était aux conseils généraux à rendre. Ah ! je me suis trompé. Qui doute qu'en appercevant un moyen de faire le bien de leur département, la plupart des Français n'abandonnent leurs réclamations particulières et ne renoncent volontairement au remboursement offert, pour contribuer au bien de leur ville ou de leur pays? Ainsi nous aurons été deux fois utiles, d'abord au Roi, que nous chérissons, en lui fournissant l'argent dont il avait besoin ; et une seconde fois à notre département, en refusant de recevoir une légère somme qui serait peu utile à chacun de nous en particulier, et qui pourra produire une grande abondance dans la caisse départementale.

L'excédent des besoins du trésor sur ses recettes n'est donc plus que de 281,177,908 fr.; et, quel que soit le moyen que l'on emploie pour y faire face, soit que l'on ouvre un emprunt, soit que l'on ordonne une taxe sur les revenus, soit que l'on établisse de nouveaux impôts indirects, je crois que l'on peut ne pas être effrayé de cette surcharge, sur-tout lorsque l'on fait réflexion que, dans trois ans, l'extinction de la dette antérieure à 1814 aura affermi notre crédit; que, dans cinq ans, celle de la dette extérieure nous aura tout-à-fait mis à l'aise, et que, dès-à-présent, indépendamment des grandes économies que nous pouvons espérer des admi-

nistrations départementales et des réformes suc-
cessives à faire dans chaque ministère, nous
voyons, dans le chapitre de la dette consolidée,
neuf millions qui doivent servir à un commen-
cement d'amortissement.

Cependant, cherchons si nous n'avons pas
encore de plus grands motifs d'espérance.

J'ouvre le livre que M. Necker a fait paraître
en 1784 sur les finances de France, le premier
ouvrage où soient exposés le tableau des besoins
de la France et celui de ses ressources. En clas-
sant les dépenses par départements ministériels,
je trouve :

Dépenses du Gouvernement.. 347,500,000^f
Dette publique................ 207,000,000
Pensions..................... 28,000,000
Remboursements à faire..... 27,500,000

Total.......... 610,000,000^f

Voici maintenant quels étaient les revenus
de l'État :

Contributions directes....... 233,400,000^f
Contributions indirectes..... 246,200,000
Enregistrement et domaines.. 41,000,000
Recettes diverses........... 36,000,000

Total.......... 556,600,000^f

Cependant le clergé ne fournissait, pour les
contributions directes, que onze millions ; la

noblesse n'était pas imposée comme le tiers-état ; la propriété était encore chargée du fardeau énorme de la dîme, que je ne me permettrai pas d'évaluer ; une grande part de la nation acquittait, dans les droits féodaux, des charges personnelles ; enfin, les contributions indirectes étant, pour la majeure partie, affermées, les 246 millions portés dans l'état ci-dessus sont loin d'égaler le produit que rendaient effectivement les droits sur les consommations.

Aujourd'hui, la propriété est chargée de :

Contribution foncière....... 275,411,000^f
Portes et fenêtres........... 14,181,000
Enregistrem. et hypothèques. 130,000,000

Total........... 419,592,000^f

Plus, les centimes additionnels, destinés, par l'art. 12 de la loi du 23 septembre 1814, à acquitter les traitements fixes et remises des receveurs généraux et particuliers et des percepteurs à vie.

La contribution personnelle et mobilière est évaluée à.................... 43,663,000^f
Et les patentes............. 16,187,000

Total des charges personnelles. 59,850,000^f

Les contributions indirectes rapportent 130,000,000 fr., y compris les douanes, dont une partie est supportée par nos voisins.

Il me semble que ni la propriété, qui ne paie plus de dîme, ni les personnes, qui ne paient plus de cens, ne sont chargées fort au-delà de ce qu'elles l'étaient au moment où M. Necker a écrit; et que, malgré les grands vices qui existent encore dans la perception, la répartition étant plus égale, le fardeau plus divisé est plus facile à supporter.

Cependant la grande division des propriétés ayant amené une aisance plus générale, il paraîtrait que le nombre des consommateurs devrait être augmenté. Comment donc se fait-il que les droits sur les consommations rapportent à l'État à-présent une fois moins qu'elles ne faisaient alors?

A Dieu ne plaise que de ces réflexions je veuille induire que les charges publiques ne sont pas assez fortes. Je n'ignore pas que la contribution foncière est élevée certainement au plus haut point; que même la grande division des propriétés ayant introduit beaucoup de petits propriétaires, leur revenu territorial, sujet à tant de variations, permet à peine dans un domaine d'une modique étendue d'acquitter la contribution, tandis que le sur-haussement des droits de mutation apporte aux ventes un obstacle qui pourrait devenir funeste à l'agriculture elle-même. Je n'ignore pas que les

charges et les exactions de tout genre sous lesquelles nous avons gémi pendant si long-temps
par les conscriptions, les remplacements, les
gardes d'honneur, les fournitures, ont bien
excédé le fardeau de la dîme, des prestations
féodales et des corvées. Je n'ignore pas que la
double calamité d'une armée envahissante à
satisfaire et d'une armée en retraite à protéger,
a, par deux fois, désolé nos campagnes, nos
villes, nos maisons. Mais enfin la paix est re-
venue, et avec elle la douce espérance de gué-
rir nos maux. La liberté est rendue au commerce et à l'industrie particulière ; les sources
de la richesse nationale sont rouvertes, et
j'avoue que je serais heureux, si je pouvais
faire passer dans l'ame de mes concitoyens le
sentiment de cette vérité si consolante, si ho-
norable, que la France est un pays dont il est
impossible de désespérer.

Consultons notre histoire. Il n'y a point de
siècle qui ne soit signalé par des maux sans mesure, toujours réparés par un courage à qui tout
cède. Souvent déja l'étranger a envahi notre ter-
ritoire ; souvent déja nos discordes ont troublé
notre repos intérieur, et n'avons-nous pas même
déja trois fois gémi de l'absence de nos rois re-
tenus prisonniers loin de nous ? Cependant nos
pères ont reconquis et la patrie, et le repos,

et le Roi. Plus heureux que nos pères, en retrouvant le Roi, nous avons déja reconquis la patrie et le gage du repos. Ayons donc confiance ; osons essayer nos forces ; osons réparer nos fautes, et nos crimes même, puisqu'après tout nous en avons commis. Sans nous laisser abattre à la vue de charges qui ne doivent pas durer ; sans crier à l'impossible, mot qui ne fut jamais connu en France ; élevons-nous au-dessus du sort, et persuadons-nous bien à nous-mêmes que tout ce que nous voudrons, nous le pourrons.

Oui, croyons-le, non plus pour aller chez les peuples éloignés chercher une gloire mensongère, funeste au vainqueur comme au vaincu, et donner au monde l'affreux spectacle d'un volcan embrasé qui jette une lueur effrayante et disparaît en ne laissant que des ruines pour souvenirs ; mais croyons-le pour être justes, complétement justes, et pour faire admirer notre courage plus sincèrement qu'on n'a jamais fait notre témérité.

Que nous faut-il? 281 millions. J'y ajouterai pour l'exécution complète de la loi du 23 septembre 1814, un excédent de recettes applicable au paiement de l'arriéré. Soixante-dix millions ont paru suffisants pour cette dette, estimée 759 millions. Aujourd'hui qu'elle n'est

plus que de 390, 36 millions doivent suffire :
il nous faut donc 317 millions.

Pour nous les procurer, quels moyens nous
sont ouverts? Il paraît difficile d'en imaginer
plus de trois, ou la consolidation de la dette,
ou un emprunt, ou de nouveaux impôts.

Chacun de ces moyens, examiné en particulier, présente et ses avantages et ses risques. Il
s'agit de tout faire pour profiter des avantages
et diminuer les risques.

La consolidation convertit le paiement d'un
capital considérable en une simple charge d'intérêts destinés une part à servir la rente consolidée, et l'autre à doter une caisse d'amortissement qui rachète la dette et l'amortit. Ce jeu,
dont les résultats sont admirables, a des effets
si grands et si rapides, qu'il est tout simple que
l'idée de la consolidation séduise les meilleures
têtes. Mais il y a une réflexion qu'il est bien
important de ne pas perdre de vue; c'est qu'en
opérations de finance, le moment d'agir est
tout. Ce qui sera avantageux dans quelque
temps serait peut-être ruineux aujourd'hui. On
dit : C'est une caisse d'amortissement qui fonde,
assure et maintient le crédit. Il y a ici erreur
dans les termes. Une caisse d'amortissement
maintient le crédit, elle ne le fonde pas.

La seule, l'unique base du crédit, c'est la fidélité aux engagements que l'on a pris, et la certitude qu'il en sera pris pour satisfaire les créanciers. Ni un citoyen, ni un État, ne peuvent répondre que jamais ils ne dépenseront au-delà de leurs revenus. Mais un citoyen et un État sont obligés, quand ils ont trop dépensé, de s'engager et de satisfaire à leurs engagements. S'ils y manquent, ils sont sans crédit; s'ils sont fidèles, leur crédit s'établit : et pour faire aux circonstances présentes l'application de cette vérité, voilà pourquoi il faut que la loi du 23 septembre 1814 reçoive son exécution. Cette loi a promis. Elle a établi un mode de paiement pour une certaine dette, et qui doit durer trois ans. Il faut que l'opération se suive. — Mais elle est inexécutable. — Il faut qu'elle soit exécutée. — Mais les gages ont disparu. — Il faut en donner d'autres. — Mais la vente des bois et des biens des communes est un mal pour l'État. — C'était en septembre 1814 qu'il fallait parler ainsi; aujourd'hui il n'est plus temps.

Et d'ailleurs, qui peut soutenir que cette loi est inexécutable? Quoi, en cinq mois il a été payé sur cette dette plus de 145 millions, sans qu'il y ait en circulation plus de 14 millions d'obligations; et on prétend inexécutable ce que le fait prouve avoir été heureusement exécuté!

Comment dire que les gages ont disparu? Il n'a été vendu que pour 37 millions de biens des communes et pour 19 de bois. En n'estimant ce gage qu'à 260 millions, il suffirait, pour que les proportions fussent conservées, qu'il en restât encore pour 180, et ce qui reste vaut certainement plus de 200. Qui nous assure d'ailleurs que sur les ventes faites, il n'y a pas eu dans l'interrègne quelque opération clandestine sur laquelle la justice publique doit avoir les yeux ouverts?

On dit que la vente des bois et des biens des communes est un mal pour l'État. Et pourquoi l'État ne souffrirait-il pas un mal pour satisfaire à ses engagements? C'est au Gouvernement à rendre ce mal le plus léger possible, à ne vendre des biens des communes que ceux qui leur sont plus à charge que profitables, à ne vendre des bois que ceux dont l'administration sera mieux entre les mains des citoyens que dans celles de l'État, à combiner habilement avec ces ventes, la consolidation volontaire ou même l'emprunt autorisé par l'art. 31 ; il peut même, à la place de ces gages, en proposer d'autres, s'il le juge convenable. Mais, sur-tout et avant toutes choses, il importe à l'honneur de la France et au crédit public que cette loi soit exécutée, parce qu'elle a été faite. Si l'on manque à des promesses aussi solennelles, en vain voudra-t-on fonder une caisse d'amortissement. Le crédit n'existant pas, il faudra que cette caisse vienne au secours du trésor pour les dépenses publiques, et elle aura pour la même cause le même sort que celle qui l'a précédée.

Mais si nous nous montrons fidèles à nos promesses; si, comme le Roi et ses serviteurs en ont donné les premiers l'exemple, tous les Français veulent contribuer, fût-ce même par des sacrifices, à l'acquittement de la parole donnée, alors la confiance bien établie amenera de toutes parts l'argent dans le trésor, et nous pourrons fonder une caisse d'amortissement, qui, richement dotée, sera le régulateur du crédit public.

Les mêmes observations sur le crédit public s'appliquent à l'emprunt; mais il faut observer que la nature de l'emprunt est diamétralement opposée à celle de la consolidation; de sorte que l'emprunt est un moyen de faire naître le crédit lorsqu'il n'existe pas, parce que c'est un moyen de montrer sa fidélité.

Vous devez : c'est de l'argent que vous devez : c'est de l'argent qu'il faut payer. Consolider une dette exigible, c'est faire banqueroute; mais si, pour éteindre cette dette, vous ouvrez un emprunt que vous consolidez, alors la consolidation n'est plus qu'une condition qu'ont acceptée ceux qui ont rempli votre emprunt.

Tout-à-la-fois vous éteignez une dette exigible, vous en consolidez une nouvelle, et vous l'amortissez. Vous recueillez ainsi d'une seule opération deux avantages. C'est donc une grande erreur que de dire : Consolidons la dette, et fondons une caisse d'amortissement pour établir le crédit, et nous emprunterons après à des conditions avantageuses ; car ni votre caisse d'amortissement ne pourra remplir son but, ni votre crédit ne sera établi, ni vous ne trou-verez à emprunter à des conditions avanta-geuses.

Il vaut mieux dire : Empruntons pour payer, et consolidons notre emprunt en fondant une caisse d'amortissement, car alors votre emprunt étant établi sur des bases solides, les créanciers satisfaits d'un côté, et de l'autre les capitalistes rassurés se présenteront pour remplir votre emprunt, et il s'établira une concurrence dont vous devez nécessairement profiter.

Le troisième moyen à examiner est l'établissement de nouveaux impôts. Et d'abord les avis sont unanimes que la contribution foncière ne peut être élevée ; que même il faut songer à la réduire. Néanmoins il faut dire, à l'honneur de la France et des propriétaires, que cette contribution est celle qui se paie le mieux, qui occasionne le moins de frais, et que les cent millions demandés l'année dernière ont été donnés, pour la plus grande partie, par les propriétaires, tandis que c'étaient les capitalistes qui étaient appelés. Mais quand je vois qu'en 1784, les impôts indirects, alors affermés pour la plus grande partie, produisaient au trésor 246 millions, je me demande par quelle fatalité on en retire à-présent à peine 130. Le nombre des consommateurs est augmenté : les consommations seraient-elles diminuées ? Je me borne à cette simple réflexion. C'est à ceux qui sont appelés à délibérer sur la loi des Finances qu'il appartient de discuter quels impôts indirects peuvent être établis, et de quelle manière leur perception peut être rendue tout-à-la-fois moins vexatoire, et plus avantageuse au trésor.

Mais, ou je me trompe fort, ou bien il est hors de doute que si l'on établissait des droits modiques, si on les établissait sur un grand nombre de matières, si l'on adoucissait la perception par des abonnements consentis seulement pour un an, et dont le montant devrait en bonne règle s'élever chaque année, les impôts indirects deviendraient en France un stimulant pour le commerce et l'industrie, et une source de richesse pour l'État.

J'ai examiné séparément chacun des moyens sur lesquels sont fondées nos espérances pour l'avenir. Serait - ce une témérité trop grande que de penser qu'en France on peut essayer de combiner ces trois moyens. Les germes de cette opération sont dans la loi du 23 septembre 1814; ils se retrouvent dans le projet de loi présenté en 1815 par le ministre. Cependant oserais-je me permettre quelques réflexions sur les ressources extraordinaires annoncées par le ministre pour l'année 1816.

Augmentation sur les cautionnements, 50 millions.
Abandon fait par le Roi............ 10
Retenue sur les traitements......... 13
                                     ———
Total................... 73

Il est hors de doute que dans un moment où beaucoup de comptables peuvent être destitués soit pour opinions politiques, soit pour malversations, une loi peut les obliger à un supplément de cautionnements. Mais est-ce donc une habitude prise en France que de regarder un dépôt comme une propriété; et parce que plus de 160 millions de cautionnements ont été dissipés, pour laisser le trésor grevé d'un intérêt de 8 millions, faut-il en dissiper encore 50 autres? On dit : Le cautionnement est rétabli par le successeur du comptable; oui, entre ses mains; mais pour le trésor, où est-il? Qu'est devenue la garantie de la bonne gestion? Un tel principe, fortifié par l'article 49 de la loi proposée, nous ramene inévitablement et par degrés à la vénalité des charges, qui de même ne s'est introduite qu'à la faveur du besoin d'argent. Pouvons-nous nous croire réduits à de si honteuses ressources? Oui, obtenons 5o millions par des suppléments de cautionnements; mais qu'ils soient versés à titre de dépôt à la caisse d'amortissement; qu'ils viennent accroître ses moyens; et qu'une des fonctions de cette caisse soit de rétablir graduellement les 16o millions dissipés.

Le Roi abandonne 10 millions sur son revenu. Le Roi est le maître; il a voulu donner l'exemple des sacrifices, et il n'est pas douteux que ce touchant exemple ne soit suivi; mais, en dernière analyse, ces 10 millions auront été appliqués à une dépense, au lieu de l'être à une autre, et il n'y aura pas d'autre résultat.

Le Roi a ordonné sur les traitements une retenue qui doit produire 13 millions.

Le Roi est encore le maître de donner moins à ses serviteurs, et je ne me permets sur ce point une simple réflexion, que parce que j'ai dit plus haut que toute retenue sur les traitements est une violation de contrat. Cette vérité est incontestable : cependant il ne faut pas attacher à l'expression trop d'importance. En bonne économie politique, tout traitement étant un salaire ou le prix d'un travail fait et de services rendus, il est clair qu'il n'est pas plus permis de le réduire que de diminuer une dette. Mais dans une monarchie comme la monarchie française, où tout traitement comprend nécessairement une part pour les dépenses auxquelles la place oblige, une retenue sur les traitements sagement calculée n'est qu'une obligation de moins dépenser. Au reste, je crois, sans pourtant tenir à cette opinion, que la loi n'a point à s'occuper de ces retenues, et que le Roi peut seul les ordonner : elles sont alors une taxe sur les revenus, mais sur les revenus les plus faibles et les moins susceptibles d'être taxés, puisqu'ils ne sont composés que de deux parties, consacrées l'une à la dépense nécessaire, l'autre à la dépense obligée.

Nous avons vu que, pour le service de 1816, nous avions besoin de 317 millions, y compris 36 millions applicables au rachat des obligations royales. Je suppose que l'on ouvrît un emprunt de 350 millions ; 20 millions suffiraient pour en servir les intérêts, et ces 20 millions se trouvent au moyen de l'abandon fait par le Roi, et de la retenue sur les traitements. La caisse d'amortissement serait alors dotée,

1° Des arrérages des rentes créées par la loi du 23 décembre 1815.......... 9,000,000^f

2° De l'excédent de l'emprunt sur les besoins................ 33,000,000

Total............ 42,000,000^f

Plus, des 5o millions de suppléments de cautionnements , et des dépôts et consignations qu'elle serait autorisée à recevoir.

On voit que je laisse en dehors le produit des nouveaux impôts indirects qu'il sera utile d'établir, mais qui, la première année , ne pourront pas offrir une grande ressource.

La dotation de la caisse d'amortissement pourrait encore être accrue au moyen d'une augmentation progressive sur les patentes, ou d'une taxe sur les revenus, qui, bien établie , serait une des meilleures ressources du trésor. Car il est temps peut-être en France, lorsque l'on a besoin d'argent, de s'adresser à ceux qui en ont, et de cesser, ou de tourmenter le pauvre, qui n'a pas, ou de ruiner le propriétaire, qui a besoin de tout ce qu'il possède.

De cette manière , combinant tous nos moyens, ayant soin d'aider l'un par l'autre ; nous gardant, non pas seulement d'épuiser chacun d'eux, mais même d'en retirer tout ce qu'il peut produire, il est vraisemblable que nous arriverions par degrés à nous libérer entièrement de nos charges, et à assurer notre crédit.

Je terminerai là ces réflexions, que je n'ai pas la prétention de croire nouvelles : mais peut-être accordera-t-on quelque faveur au sentiment de patriotisme qui m'a inspiré de les rendre publiques.

O mon pays! autrefois noble patrie de la gloire et de l'honneur, maintenant éprouvé par le sort! Ah! les coups de la fortune n'abattent que ceux qui n'ont pas le courage de les supporter. J'en nourris la douce espérance : nous reverrons des jours prospères; et il faut bien que le ciel ne nous ait pas retiré toute faveur, puisque le Juste a daigné nous sourire : que deux fois il s'est fait notre égide, et qu'après avoir lassé le sort par sa longue patience, il a voulu s'associer à nos destinées, pour nous faire jouir un jour du bonheur dû à toutes ses vertus. Soyons dignes de lui. Tenons avec scrupule sa parole et la nôtre. Si nous devons souffrir, souffrons. Toute souffrance a son terme. Elle produit la force, et commande le respect. Ainsi, naguères en butte à la haine de toutes les nations, maintenant peut-être l'objet de leurs inquiètes sollicitudes, la France toute entière à ses devoirs, et marchant d'un pas ferme, sous la conduite de son Roi, dans l'étroit sentier de l'honneur, reprendra un jour son antique éclat, et redeviendra l'honneur du monde, et l'amour de l'Europe.

FIN.

www.ingramcontent.com/pod-product-compliance
Lightning Source LLC
LaVergne TN
LVHW021636170726
843501LV00007B/2247